LIVRET EXPLICATIF

DES

...AUX HISTORIQUE[S]

REPRÉSENTANT

LES ÉPISODES CIVILS ET MILITAIRES

DE

PARIS PENDANT LE SIÉGE

1870-1871

PARIS

IMPRIMERIE PILLET FILS AINÉ, RUE DES GRANDS-AUGUSTINS

1875

LIVRET EXPLICATIF

DES

TABLEAUX HISTORIQUES

REPRÉSENTANT

LES ÉPISODES CIVILS ET MILITAIRES

DE

PARIS PENDANT LE SIÉGE

1870-1871

PARIS
IMPRIMERIE PILLET FILS AINÉ, RUE DES GRANDS-AUGUSTINS, 5.

1875

SIEGE DE PARIS 1870-71

LISTE DES ARTISTES

Pour la figure

MM. Jules DIDIER,
Alfred DECAEN,
Armand DUMARESQ,
Henri DUPRAY,
Emile LAPORTE,
Georges BELLANGER,
A. CARLIEZ.

Pour le paysage et l'architecture

MM. J. GUIAUD,
CARPEZAT,
HERVIER,
LACOSTE-BRUNNER,
GERMAIN,
GUIAUD fils.

Le souvenir du siége de Paris, autant par son imprévu et par sa longueur que par la patience et le dévouement de la population investie et bombardée, restera toujours présent à la mémoire de ceux qui en ont bravé les dangers et subi les fatigues.

A ceux qui ne l'ont point traversé, il a été raconté de bien des façons : par les journaux, par des livres retraçant des impressions personnelles ou jugeant les événements, par des dessins, par des photographies, etc.

Mais ces renseignements forment des collections que l'on a rarement le loisir de parcourir ou que l'on ne peut même guère réunir. Dans tous les cas, ni le livre si bien informé qu'il soit, ni la gravure, ne parlent aux yeux et par conséquent à l'esprit aussi nettement qu'une peinture.

C'est pendant la durée même du siége que la pensée nous vint de conserver à l'histoire, à l'aide d'un petit nombre de pages, nettes et caractéristiques, le souvenir vivant des événements auxquels nous assistions. La série de tableaux que nous soumettons aujourd'hui au public fut dès lors entreprise. Elle forme une sorte de précis historique du siége de Paris, s'étendant du 4 septembre, jour de la dernière séance du Corps législatif, jusqu'à la semaine où furent signées, à Versailles, les propositions définitives d'armistice.

Les artistes qui ont bien voulu prêter à la réalisation de notre programme le concours de leur talent, se sont astreints, pour les vues de Paris ou les paysages, à une scrupuleuse exactitude, pour la disposition des épisodes militaires aux comptes rendus officiels et aux notes des officiers qui y ont pris part.

A. BINANT.

SIÉGE DE PARIS 1870-71

Nº 1

LE PALAIS
DU CORPS LÉGISLATIF
APRÈS SA DERNIÈRE SÉANCE

Journée du 4 septembre

Le 4 septembre, vers deux heures, une foule énorme de gardes nationaux sans armes et de citoyens de toutes classes assiége la grille du Corps législatif qui fait face au pont de la Concorde.

Dans les bureaux de la Chambre s'agitent diverses propositions émanées de M. Thiers, de la gauche et du gouvernement lui-même, tendant toutes, en présence des désastres qui accablent déjà la France et des périls qui la menacent, à modifier profondément la Constitution de l'Empire.

Tout à coup paraissent, sous la colonnade, MM. Jules Favre et Gambetta. Ils annoncent au peuple que la déchéance de Louis-Napoléon Bonaparte et de sa dynastie vient d'être prononcée à la tribune. Les acclamations de : « Vive la République ! » éclatent de toutes parts.

C'est au milieu des applaudissements qu'ils descendent les degrés du grand escalier. Escortés d'une foule sans cesse croissante et de plus en plus animée par la nouvelle de la déchéance, ils se dirigent vers l'hôtel de ville, pour y composer et y instituer le Gouvernement de la Défense nationale.

Le Monument qui s'élève à droite est l'hôtel de la Présidence de la Chambre. Au-dessus du pont des Invalides s'étagent les hauteurs de Chaillot.

SIÉGE DE PARIS 1870-71

N° 2

OVATIONS A LA STATUE
DE LA VILLE DE STRASBOURG

Journée du 10 septembre

Pendant les jours qui suivirent la proclamation, à l'hôtel de ville, du Gouvernement de la Défense nationale, la statue de la ville de Strasbourg, — bombardée par le corps d'armée badois avec une sauvage violence, — devint le but d'un véritable pélérinage patriotique.

La statue disparut presque sous les drapeaux cravatés de crêpes, les palmes, les couronnes d'immortelles, les inscriptions votives, les bouquets noués de rubans tricolores.

Le 10 septembre, on ouvrit, sous la porte de l'édicule qui lui sert de piédestal, un registre sur la première page duquel on lisait :

LES PARISIENS.

HONNEUR A NOS FRÈRES DE STRASBOURG ET A LEUR BRAVE GÉNÉRAL UHRIC!

Plus d'un million de Parisiens vinrent s'y inscrire et déposer leur obole dans le tronc destiné à soulager nos infortunés compatriotes. Les bataillons de la garde nationale, les francs-tireurs tout nouvellement organisés, s'y succédaient, musique en tête, des bouquets d'immortelles ou de cyprès dans le canon du fusil. D'ordinaire, devant ses camarades rangés en bataille, un officier prononçait quelques paroles, bientôt couvertes par les acclamations de : « Vive la République ! Vive les défenseurs de Strasbourg ! »

Cette statue, œuvre du sculpteur Pradier, décore le sommet de l'angle de la place de la Concorde s'avançant sur la rue de Rivoli.

Au delà de la place, le palais du Corps législatif, l'extrémité des clochers de l'église Sainte-Clotilde et le dôme des Invalides.

N° 3

LE VIADUC DU POINT-DU-JOUR

Premières semaines de septembre

Pendant que le génie activait, sur différents points, les travaux extérieurs de défense, l'enceinte avait été tout d'abord mise à l'abri d'un coup de main. La garde nationale avait pour commandant le général Tamisier; les mobiles de la Seine et les marins de la flotte gardaient les forts.

Plusieurs chaloupes canonnières arrivèrent du Havre armées de pièces de 24. Elles devaient sillonner sans relâche la Seine et la Marne, et, embossées au-dessus et au-dessous de nos lignes de fortifications, gêner les travaux de siége des Prussiens.

La canonnière *Farcy* méritait particulièrement la curiosité publique. Elle était munie à l'avant d'une énorme pièce de marine dont un affût spécial aurait pu, selon le lieutenant Farcy, augmenter considérablement la portée. Elle manœuvrait avec une remarquable activité.

Lorsqu'elle entra dans les eaux de Paris, un détachement prussien lui envoya de la berge quelques balles qui naturellement s'aplatirent sur son impénétrable cuirasse en fer.

Sur le quai devant lequel est embossée la canonnière Farcy, s'arrête le général Trochu, en tournée d'inspection et suivi de son état-major. Au second plan, le viaduc d'Auteuil et le pont barré, sauf une seule arche. A l'horizon, les hauteurs boisées de Meudon.

N° 4

RENTRÉE DANS PARIS

DES HABITANTS DE LA BANLIEUE

15 septembre

Le 15 septembre, le chef d'une des gares des environs de Paris télégraphiait au ministre de l'intérieur : « Ennemis, « au nombre d'environ 10,000, se dirigent sur Joinville. La « troupe se concentre dans les forts. Dans une heure, « l'ennemi sera ici. »

A cet avertissement suprême les habitants des communes suburbaines de Paris, sollicités déjà par les avis réitérés du gouvernement de la Défense nationale, abandonnèrent leurs villages, leurs fermes, leurs maisons de campagne pour rentrer précipitamment dans Paris.

Ce fut un chaos indescriptible. Les voitures de déménagement et de maître, les charrettes, les tapissières chargées de meubles, de provisions de toute espèce, d'infirmes, de malades, se heurtèrent devant les barrières aux troupeaux de bœufs, de moutons, de porcs, aux chariots pleins de blé, de farine, de légumes. La queue s'étendait au loin le long des routes et augmentait l'effroi de ces malheureuses gens qui se croyaient sur le point d'être bousculés par l'ennemi.

L'entrée dans Paris fut réellement pathétique. Les familles accueillirent de leur mieux leurs parents, leurs amis. Le gouvernement avait mis en réquisition les hôtels et les appartements délaissés. Paris, pour la première fois, ressentit la présence imminente des Prussiens vainqueurs et entrevit l'isolement auquel allait le condamner sa position de place forte assiégée.

Le monument qui s'enlève, à gauche, sur les feux du couchant, est le palais de l'Industrie. L'avenue des Champs-Elysées est vue dans toute sa longueur, depuis l'un des groupes des chevaux de Marly jusqu'à l'Arc-de-Triomphe.

N° 5

MARCHE DE L'ARMÉE PRUSSIENNE SUR PARIS

17 septembre

Paris, en proie à une angoisse qu'augmente la difficulté croissante des communications avec l'extérieur, apprend, le 16 septembre, que les hulans sont venus jusqu'à Villeneuve, Dammartin, Ablon et Juvisy, scier les poteaux télégraphiques. Des détonations lointaines lui annoncent que l'on fait sauter les ponts aux approches de l'ennemi.

Dans la journée, l'artillerie prussienne coupe, de la berge opposée de la Seine, la voie du chemin de fer d'Orléans, et force ainsi à rebrousser chemin le dernier train de voyageurs qui ait tenté de quitter la capitale.

Le lendemain, 17 septembre, le corps d'armée du général Vogel de Falkenstein occupe les hauteurs de Villeneuve-Saint-Georges. Ses pionniers jettent un pont sur la Seine. L'armée prussienne franchit le fleuve et se répand lentement, sur une large étendue, jusqu'à Versailles, où le roi Guillaume doit établir son quartier général.

L'investissement total de Paris date du 19.

La compagnie qui s'avance par la gauche appartient à la garde royale de Prusse. Sur la Seine, les débris du pont suspendu de Villeneuve-Saint-Georges.

A droite, le duc de Hesse, neveu du Roi, descend de cheval, et examine la position. Un capitaine d'artillerie suit la marche des troupes avec sa lorgnette.

N° 6

L'ARTILLERIE CAMPÉE

DANS LE JARDIN DES TUILERIES

Fin de septembre

Le campement de l'artillerie dans le jardin des Tuileries offrit un spectacle des plus pittoresques. Paris, qui n'avait plus guère de distractions, put suivre sur le vif les épisodes familiers et rudes de la vie militaire.

Sous les hauts massifs de marronniers et de tilleuls, à demi dépouillés et roussis par l'automne, s'alignèrent côte à côte les canons. Les roues creusèrent ces allées où jouaient naguère les enfants et bavardaient les nourrices. Les parcs de munitions emplirent les parterres, et les tentes blanches firent suite aux baraquements en sapin le long de la terrasse.

C'était encore là vie, une vie mâle et correspondant à l'état des esprits. Les forges de campagne soufflaient et jetaient des gerbes d'étincelles ; les vêtements, le linge séchaient sur le piédestal des statues absentes, les cuisines s'allumaient en plein air. Parfois arrivait au galop une estafette : une batterie se mettait en marche et débouchait au galop par la grande grille sur la place de la Concorde.

Au fond, le palais des Tuileries sur lequel flotte le pavillon blanc à croix rouge de la Société internationale de secours pour les blessés.

N° 7

DÉPART
DE M. GAMBETTA SUR LE BALLON
L'ARMAND-BARBÈS

7 octobre

Le gouvernement de la Défense nationale, considérant « qu'en raison de la prolongation de l'investissement de Paris, il était indispensable que le ministre de l'intérieur pût être mis en rapport direct avec les départements, » décréta que M. Gambetta se rendrait sans délai à la délégation de Tours.

Or, la seule voie libre, c'était l'air.

Le 7 octobre au matin, la foule, curieuse et émue, assistait sur la place Saint-Pierre, à Montmartre, à l'aventureux départ de M. Léon Gambetta et de son secrétaire, M. Spuller.

Vers onze heures, le soleil perça le brouillard, jusqu'à cet instant épais et glacial. M. Gambetta serra une dernière fois la main des personnes qui l'entouraient, M. Louis Blanc, M. Rampont, directeur général des postes, M. Dorian, ministre des travaux publics, et sur l'ordre « *lâchez tout!* » donné par M. Nadar, — l'intelligent promoteur de cette navigation aérienne qui devait rendre de si grands services, — le ballon l'*Armand-Barbès* s'élevait lentement dans les airs.

M. Gambetta, outre plusieurs ballots de dépêches privées, emportait une cage pleine de ces pigeons qui, jusqu'aux derniers jours du siége, furent à peu près les seuls messagers qui purent pénétrer dans Paris. Un de ces pigeons, trois jours après, vint faire savoir que l'*Armand-Barbès* avait opéré sa descente sur la lisière de la forêt d'Épineuse, dans le département de la Somme, tout près des Prussiens, et que les voyageurs, après avoir couru de graves dangers, étaient en sûreté.

Le ballon que l'on achève de gonfler, *le George-Sand*, emportait deux citoyens américains chargés d'acquisitions d'armes par le gouvernement. La tour Solférino, que l'on distingue sur le versant de la butte Montmartre, servait aux signaux de renseignement sur le mouvement des troupes prussiennes, au moyen d'un sémaphore dirigé par des officiers de marine.

SIÉGE DE PARIS 1870-71

N° 8

COMBAT DE CHATILLON

OFFENSIVE DE L'ARTILLERIE

—

13 octobre

Les importantes positions de Châtillon et de Bagneux, — que la malheureuse affaire du 19 septembre avait laissées au pouvoir de l'ennemi, — furent, le 13 octobre, l'objet d'une reconnaissance offensive, dirigée par le général Vinoy, commandant en chef le 13ᵉ corps.

A neuf heures du matin, deux coups de canon, partis du fort de Montrouge, donnaient le signal du mouvement.

La 3ᵉ division du 13ᵉ corps, général Blanchard, était spécialement chargée de l'action.

Le général Susbielle, commandant la colonne du centre, attaqua vigoureusement Châtillon, soutenu par son artillerie de campagne et par celle des forts. Mais il fut arrêté dès l'entrée du village par des barricades qui s'y succédaient et par une vive fusillade partie de maisons crénelées.

La colonne de droite, brigade Lacharrière, s'empara sans coup férir de Clamart, s'y maintint et s'arrêta près de ce plateau de Châtillon où l'ennemi retournait contre nous-mêmes les travaux que la rapidité de l'investissement ne nous avait pas laissé le temps d'achever.

Après divers incidents tout à l'honneur de nos troupes de terre et de mer et de nos mobiles des départements, le combat, qui avait duré cinq heures, dut s'arrêter sur l'ordre du Gouverneur, le but de la reconnaissance ayant été atteint.

Dans le lointain, Paris, les hauteurs de Montmartre, les buttes Chaumont. A gauche, le fort de Montrouge, l'entrée des carrières que désignent les roues d'extraction et la tranchée qui vient jusqu'au premier plan. Au milieu, sur la ligne d'horizon, on distingue la redoute des Hautes-Bruyères, dont les travaux n'étaient point alors terminés, puis l'église du village de Bagneux, fortifié par l'ennemi et vigoureusement défendu par son artillerie.

A gauche, le général Blanchard donne des ordres au général de brigade Ladreit de La Charrière. Celui-ci fut tué à l'attaque de Montmesly.

COMBAT DE CHATILLON

N° 8

1. Général de brigade de **La Charrière**.
2. Général Blanchard.
3. Paris.
4. Montmartre.
5. Les buttes Chaumont.
6. Le fort de Montrouge.
7. La redoute des Hautes-Bruyères.
8. L'église de Bagneux.
9. Carrières de Montrouge.

N° 9

ATTAQUE

DU VILLAGE DE BAGNEUX

Affaire du 13 octobre

L'attaque du village de Bagneux fut l'un des plus vifs épisodes du combat de Châtillon et l'un des plus glorieux du siége. L'ennemi, pour la première fois, eut à compter avec l'élan de cette jeunesse française dont les bataillons mobilisés avaient été, au dernier moment, appelés dans les murs de Paris.

« Bagneux, disait le lendemain de l'affaire le rapport du commandant Schmitz, a été enlevé par les mobiles de la Côte-d'Or, dont la conduite, déjà signalée deux fois, a été brillante. Le 1er bataillon de l'Aube, qui voyait le feu pour la première fois, a eu aussi une attitude excellente. »

Les mobiles de l'Aube, soutenus par le 35e de ligne, tournent la barricade élevée à l'entrée du village, et s'élancent vers une maison à demi effondrée.

A cheval, au premier rang de ces jeunes soldats qu'arrête un instant la fusillade des chasseurs à pied bavarois embusqués dans le contre-bas du chemin et dans la maison, le commandant Picot de Dampierre leur crie en agitant son sabre : « *Allons, mes enfants, à la baïonnette ! Ça n'est pas si terrible que cela !* »

Peu d'instants après, dans une rue de Bagneux, après la prise d'une troisième barricade, le brave commandant de Dampierre tombait frappé mortellement d'une balle au bas-ventre. Il était à peine âgé de trente-trois ans.

Le 3e bataillon de la mobile de la Côte-d'Or, qui partagea les honneurs de ce fait d'armes, était commandé par le lieutenant-colonel de Grancey, tué plus tard à l'affaire de Champigny.

N° 10

LE ROI GUILLAUME A VERSAILLES

Mois d'octobre

Tous les matins, le roi Guillaume de Prusse, installé à la préfecture de Versailles, faisait en voiture une longue promenade.

L'escorte qui l'accompagnait était invariablement composée d'un peloton fourni par deux délégués de chacun des douze régiments de hussards dont il est le général-chef.

La personne qui aborde le roi Guillaume est le général de Moltke. L'aide de camp, assis à sa gauche dans la calèche, est M. de Lensdorf.

SIÉGE DE PARIS 1870-71

N° 11

MARAUDEURS DE LÉGUMES

RENTRANT DANS PARIS

Octobre

Chaque matin, le pont-levis des principales portes s'abaissait sur le fossé, livrant passage aux paysans réfugiés, aux propriétaires de jardins ou de maisonnettes des environs, aux maraîchers, aux maraudeurs de tout âge. Ils s'aventuraient, sous la protection du canon des forts et de la carabine des mobiles, jusqu'à l'extrême limite du tir des Prussiens, cueillant les derniers fruits, arrachant les derniers légumes, chapardant les volailles, sciant les arbres et, trop souvent, achevant méthodiquement le pillage des habitations abandonnées.

A la nuit tombante, toute cette cohue rentrait traînant

des voitures à bras, courbée sous les paquets et les sacs pleins. Le butin se détaillait sur la voie publique et trouvait facilement des chalands.

Nous transcrivons sur le journal d'un assiégé, à la date du 5 novembre, 49e jour du siége, un aperçu du prix de quelques denrées :

Une paire de lapins, 26 francs; les pommes de terre, 6 francs le boisseau, et les haricots 6 francs le litre; les œufs, à peu près frais, 4 francs 60 centimes la douzaine; un chou, 1 franc 60, et 2 francs 25 une botte de carottes.

Naturellement, avec le temps, ces prix doublèrent, et finalement ils décuplèrent.

Les maraudeurs rentrent à Paris par la porte de Flandre, à La Villette.

A travers l'une des portes dont les ponts-levis vont s'abaisser, on aperçoit le pont du chemin de fer de ceinture.

SIEGE DE PARIS 1870-71

N° 12

LES

ENROLEMENTS DE VOLONTAIRES

SUR LA PLACE DU PANTHÉON

20 octobre

Pour répondre aux demandes réitérées de la population parisienne de prendre une part active aux opérations de la défense, un arrêté publié par le *Journal officiel* détermina les règles qui devaient présider à la formation de compagnies de volontaires.

Chaque bataillon était admis à fournir une compagnie de 150 hommes; on promettait de les armer de fusils à tir rapide, encore rares malgré les efforts de l'industrie privée.

La mairie du Ve arrondissement eut l'initiative de la cérémonie publique de ces enrôlements volontaires.

Nulle place n'était mieux choisie, et le noble fronton de David d'Angers semblait avoir été sculpté en prévision de cet appel au patriotisme.

Une longue estrade, tendue de velours rouge, écussonnée aux initiales **R. F.**, pavoisée de drapeaux tricolores avec une flamme flottante de crêpe noir, fut dressée au pied de l'escalier qui conduit à la colonnade. L'inscription : « CITOYENS, LA PATRIE EST EN DANGER, » s'y lisait au-dessous des armes de la ville de Paris. Trois tables portaient des registres ouverts, et lorsqu'un jeune citoyen ou un vieillard en cheveux blancs fendait la foule, gravissait les degrés de l'estrade et se penchait pour inscrire son nom, les tambours battaient aux champs et les acclamations patriotiques le saluaient.

Cet exemple fut suivi par quelques mairies, entre autres par celle du quartier de Saint-Germain-l'Auxerrois. C'est de ces enrôlements volontaires que naquit plus tard l'idée de l'organisation des bataillons de marche.

A gauche, l'Ecole de droit, puis la bibliothèque Sainte-Geneviève et, sur un plan plus éloigné, le haut de l'église Saint-Etienne-du-Mont.

N° 13

COMBAT

DE

RUEIL ET DE LA MALMAISON

21 octobre

Un soleil d'automne éclairait ces combats, qui jetèrent un instant une grande inquiétude dans l'état-major prussien. Le roi Guillaume, — prudemment posté dans une logette sur l'aqueduc de Marly, — prit soin de noter la beauté de cette journée dans un télégramme à la reine Augusta.

« A une heure, dit le rapport du général Ducrot, — c'est lui qui commandait, — tout le monde était en position, et l'artillerie ouvrait son feu sur toute la ligne, formant un vaste demi-cercle, de la station de Rueil à la ferme de la

Fouilleuse. Elle concentrait son feu, pendant trois quarts d'heure, sur Buzanval, la Malmaison, la Jonchère et Bougival. Pendant ce temps, nos artilleurs et nos têtes de colonne s'approchaient des objectifs à atteindre, c'est-à-dire la Malmaison, pour les colonnes Berthault et Noël, Buzanval pour la colonne Challeton... »

Nos troupes eurent devant elles, pendant le combat, la 9e division du 5e corps prussien, une fraction du 4e et un régiment de la garde. Elles enlevèrent les premières positions de l'ennemi, et le forcèrent à faire entrer en ligne des forces considérables qui, exposées pendant toute l'action au feu bien dirigé de notre artillerie, éprouvèrent de grandes pertes.

Au premier plan, le général Ducrot, dont l'attention semble détournée par le passage d'un groupe de blessés à pied ou sur des cacolets. Les officiers qui lui forment état-major sont le capitaine de Neverlée, officier d'ordonnance, qui fut tué au combat de Villiers; le capitaine de Chabannes, le commandant Besson, le capitaine Favrot, le colonel Maillard et le comte de Louvencourt, capitaine de mobiles.

Le château de la Jonchère en feu; plus loin et plus à droite, le village de la Jonchère, les arbres du parc de la Malmaison, Bougival, et au-dessus l'extrémité de l'aqueduc de Marly où un petit point noir figure la logette où se tint le roi Guillaume.

COMBATS DE RUEIL ET DE LA MALMAISON

N° 13

1. Général DUCROT.
2. Capit. de NEVERLÉE, son off[r] d'ordon.
3. Capit. de CHABANNES.
4. Commandant BESSON.
5. Le colonel MAILLARD.
6. Le c[te] de LOUVENCOURT, cap. de mob.
7. Le capitaine FAVROT.
8. Château de la Jonchère.
9. Maisons de la Jonchère.
10. Parc de la Malmaison.
11. Bougival.
12. Aqueduc de Marly.

N° 14

ENVAHISSEMENT DE L'HOTEL-DE-VILLE

PAR LES BATAILLONS DE BELLEVILLE

31 octobre

La journée du 31 octobre fut la plus tumultueuse du siége. L'envahissement de l'hôtel de ville par les bataillons que commandait Flourens fut si rapide que les membres du Gouvernement de la Défense nationale ne purent ni se dérober, ni faire parvenir à l'extérieur les ordres nécessaires pour les dégager.

Lorsque le 106ᵉ bataillon arriva du faubourg Saint-Germain et pénétra jusqu'à la salle où étaient gardés à vue les membres du gouvernement, le général Trochu courut le plus grand danger. Des tirailleurs de Belleville le couchèrent en joue. Mais un garde national, un sous-officier du 106ᵉ, d'une taille et d'une force herculéennes, prit littéralement à bras le corps le général, lui plaça son képi sur la tête et l'emporta à travers les rangs de ses camarades. L'escalier fut rapidement descendu, et, peu d'instants après, le général Trochu, que le sangfroid n'avait pas un instant abandonné, passait, en tête de son état-major, sur le front des mobiles et des bataillons de la garde nationale réunis sur la place de l'Hôtel-de-Ville. A ce moment, l'hôtel-de-ville lui-même était complétement évacué.

L'escalier représenté ici occupait l'angle droit de la cour François Iᵉʳ et conduisait à la salle des séances du Gouvernement.

N° 15

LA QUEUE
A LA PORTE D'UNE ÉPICERIE

Novembre

Le vaisseau symbolique qui « flotte sans sombrer » dans les armes de Paris, offre une juste image de la situation de la ville pendant le siége. Paris restait immobile et isolé comme si un calme plat l'eût surpris en plein océan au lendemain d'une tempête; privé de tout ravitaillement, quand il eut vidé ses étables volantes et ses cages à poules, il attaqua sans bouder ses salaisons et ses conserves.

Il ne faut point demander de faire des provisions de ménage à une population qui s'était toujours éveillée devant des marchés regorgeant des denrées les plus fraîches. L'investissement la surprit aussi dépourvue que la Cigale de la fable. En peu de semaines, la viande de boucherie, les légumes, les fruits, le laitage, se firent rares, puis inabordables pour les petites bourses.

Alors commença le siége régulier des épiceries.

Les queues serpentèrent aux abords des boutiques comme sous le péristyle des théâtres. On prenait son cachet pour acheter un pain de sucre. Les pyramides de chocolat, les bastions de boîtes de sardines, gloire des devantures, fondirent comme par enchantement. Les pâtes d'Italie firent prime. Le jambon passa à l'état de mythe. Le croira-t-on, la moutarde elle-même devint introuvable !

Mais rien n'atteignit le succès du fromage. Il semblait que Paris n'eût jamais rien connu de plus exquis. On n'en parlait qu'avec des regards tristes et des soupirs de découragement. On citait les maisons où il en apparaissait au dessert. Au jour de l'an, le grand genre fut d'offrir, en guise de sacs de marrons glacés, un quartier de gruyère, noué avec des rubans rouges.

L'épicerie qui se trouve représentée ici était située à l'angle de la rue Réaumur et du boulevard de Sébastopol.

Dans le fond, on reconnaît le dôme du Tribunal de commerce. C'est le matin : des pelotons de gardes nationaux apprennent l'exercice sur la chaussée que ne traversent encore que les gamins qui crient les journaux ou quelque voiture de médecin se rendant aux ambulances.

N° 16

UNE SÉANCE

AU CLUB VALENTINO

Novembre

Le club de la salle Valentino avait pris le nom de *Club de la Délivrance*. Il devint bientôt le centre d'un groupe imposant d'hommes d'ordre, animés d'un patriotisme sincère, qui, le soir, venaient y oublier les fatigues et les préoccupations du jour et s'y retremper le cœur et l'esprit.

Des propositions nombreuses y furent loyalement discutées par des orateurs de toutes nuances. L'armement — la question des loyers — celle de l'alimentation — la mobilisation de la garde nationale et la politique de M. de Bismarck — furent mises successivement à son ordre du jour et provoquèrent des communications tendant toutes à seconder la défense nationale.

Parfois des délégués d'autres clubs venaient exposer à la tribune des doctrines que d'autres orateurs combattaient à leur tour avec ardeur.

Parmi les personnes qui ont pris le plus souvent la parole, nous citerons : MM. Vrignault, Ratisbonne, Cernuschi, Adelson, Monteaux, le général Juge, Labatte, La Pommeraye, Hervé, Ollendort, Quesnay de Beaurepaire, etc.

On ménageait déjà le charbon de terre pour les services publics et le gonflement des ballons. Aussi un seul des lustres du club Valentino était-il allumé. Le public modéré garnissait les banquettes du pied de la tribune. Le reste de la salle se perdait dans une demi-ombre pleine d'effets pittoresques; c'était de cette obscurité que, malgré les rappels à l'ordre et les coups de sonnette du président, partaient les interruptions plaisantes ou les apostrophes passionnées.

Cette séance est présidée par M. Vrignault, fondateur du club; M. Ratisbonne est à la tribune.

SIÉGE DE PARIS 1870-71

N° 17

LES PIGEONS MESSAGERS

Novembre

Un artiste a déjà symbolisé par deux allégories touchantes la souffrance que fit éprouver, pendant ces mois interminables du siége, la privation des nouvelles. Dans l'une, la Ville salue d'un geste triste un ballon qui part emportant ses lettres au delà des remparts cernés par d'implacables sentinelles ; dans l'autre, elle caresse passionnément un pigeon haletant, échappé à la menace d'un faucon prussien et qui se blottit dans son sein, porteur d'une dépêche.

Tous les pigeons n'arrivaient pas. La tempête, le brouillard humide, le froid piquant les retardèrent souvent, et, en janvier, les arrêtèrent tout à fait. Leur instinct prodigieux les avertit de l'approche même du danger, et, quelle que soit leur ardeur à regagner leur logis, ils s'abattent jusqu'à ce que le ciel se soit rasseréné.

Chacun sait aujourd'hui que les dépêches, réduites en quelque sorte à rien par l'emploi de procédés photographiques, étaient roulées dans un tube, et que ce tube noué à l'une des plumes de la queue ne causait aucune gêne à l'oiseau.

Les colombiers, organisés par l'administration des postes, étaient beaucoup plus nombreux que ne le savait le public. Il y en avait dix-sept dans l'enceinte même des remparts. Chaque jour les facteurs y passaient, et si un pigeon était rentré il était porté dans une cage à l'administration centrale de la télégraphie. Là, il était soigneusement visité. On inscrivait sa rentrée en regard de son numéro d'ordre de sortie. Puis il était reporté chez son propriétaire pour y subir la toilette de voyage.

Un pigeon se posant sur le bord d'un toit quelconque causait toujours une vive émotion. La foule s'amassait, le nez en l'air ; quelqu'un sortait par une lucarne, cherchant à prendre la pauvre bête, qui d'ordinaire s'envolait plus loin, et plus d'un spectateur répétait cette strophe des *Haltes*, de M. André Chaten :

> Ils ont passé pourtant à travers vos mitrailles
> Nos oiseaux voyageurs,
> Sous leur aîle emportant le bruit de nos batailles
> Et le cri de nos cœurs...

Un jour, les Prussiens s'emparèrent, par la capture d'un ballon, d'un panier plein de pigeons-messagers. Ils nous les renvoyèrent porteurs de nouvelles soi-disant officielles. En détachant le tube, les employés avaient déjà constaté que le nœud qui lie le tube à la plume n'était point réglementaire et que le contenu de la dépêche devait vraisemblablement être suspecté.

N° 18

TRANSCRIPTION DES DÉPÊCHES
A LA TÉLÉGRAPHIE CENTRALE

Novembre

La transmission des dépêches confiées aux ballons, et surtout aux pigeons, traversa plusieurs phases importantes de perfectionnement.

Au principe, les pigeons transportaient des dépêches manuscrites sur papier pelure; puis des dépêches manuscrites transportées sur papier au moyen de la photographie microscopique; puis des dépêches photographiées microscopiquement après impression typographique du texte. Enfin, on fit parvenir en province des collodions diaphanes qui permettaient une réduction en quelque sorte infinie. Un tuyau de plume pouvait contenir 15,000 dépêches privées et la valeur de 500 pages de dépêches officielles!

Ces perfectionnements furent provoqués et réalisés à l'administration des lignes télégraphiques par des photographes et des industriels distingués, et ce fut, pendant ce long siége, un des secours les plus effectifs qui nous soient venus de la science.

La lecture de ces dépêches était tout aussi surprenante et simple à la fois que leur réduction.

Les feuilles de collodion, à l'aide d'un microscope photo-électrique, étaient projetées sur un grand écran, et considérablement amplifiées sur un champ assez vaste pour que quatre expéditionnaires pussent transcrire en même temps quatre pages de dépêches.

Pour activer la besogne, car on comprend avec quelle impatience les familles attendaient que le contenu de ces dépêches leur parvînt, on se servait encore du microscope simple, posé sur une table. L'usage en était plus sûr encore que celui du grandissement à l'aide de la lumière électrique, dont les vacillations rendaient souvent illisible la dépêche projetée sur le tableau blanc.

N° 19

LE BASTION QUARANTE

ARMÉ DE LA JOSÉPHINE

Fin novembre

La *Joséphine* était un canon de 19 centimètres, à cinq rayures, pesant, sans son affût, 8,000 kil. Il envoyait, à la charge de 8 kil. de poudre, un obus de 52 kil. 250 gr., y compris une charge d'éclatement de 2 kil. 200 gr. Avec une inclinaison de 29 degrés et demi, la *Joséphine* portait au moulin d'Orgemont, c'est-à-dire à 8,000 mètres. Avec une inclinaison de 42 degrés, elle eût atteint le but à 10 kilomètres !

Lorsqu'elle fut installée sur la courtine du bastion 40, sa voix puissante, plus encore, sans doute, que la justesse ou la portée de son tir, lui conquirent une singulière popularité. Ce bruit plein et solennel résonnait la nuit, d'échos en échos, au-dessus de la ville endormie, comme le grondement d'un tonnerre. Tout Paris voulut voir la *Joséphine*, et pour un peu on l'eût enguirlandée.

Le bastion 40 est à la porte Saint-Ouen. A gauche, le Mont-Valérien couronné par la forteresse, puis la ligne irrégulière des jardins, des rues et des habitations de Clichy et de Levallois. Tout à l'extrême droite, Asnières.

N° 20

PRISE ET OCCUPATION
DU PLATEAU D'AVRON

29 novembre

Le 28 novembre, le général en chef de la deuxième armée de Paris avait dit à ses troupes : « Le moment est venu de rompre le cercle de fer qui nous enserre depuis trop longtemps... Il vous est dévolu l'honneur de tenter cette grande entreprise... »

Le soir même commençaient les opérations qui devaient concorder avec les mouvements d'approche de notre armée de la Loire. L'ordre du jour du général Ducrot assurait que nous disposions de 400 bouches à feu et de plus de 150,000 hommes. A l'est, le plateau d'Avron était occupé à 8 heures par l'amiral Saisset, soutenu par la division d'Hugue. En trente heures, l'amiral mettait en batterie 68 pièces de gros calibre, protégeant notre passage de la Marne et menaçant au loin les positions de l'ennemi, ainsi que les routes suivies par ses convois à Gagny, à Chelles et à Gournay.

On sait combien furent glorieux pour notre artillerie, nouvellement transformée, et pour nos troupes, ces combats qui durèrent jusqu'au 3 décembre.

Le corps d'armée bavarois fut écrasé. Rien n'égala la tristesse de Paris quand il apprit que ce nouvel effort avait encore été stérile et que notre armée avait repassé la Marne.

L'amiral Saisset indique du doigt au capitaine de vaisseau Salmon le tracé d'une carte. Le général d'Hugue, accompagné du général du génie Dèveze, active le défilé de l'artillerie et de la ligne. Les marins ont déjà attaqué les Prussiens à la hache et à la carabine, et ceux-ci se replient rapidement.

A gauche, Neuilly-sous-Bois, les carrières d'Avron et au-dessus les batteries prussiennes en action. Le mur du parc de Maison-Blanche, la Ville-Evrard qui domine le cours de la Marne et, à l'extrémité droite, les maisons de Noisy-le-Grand.

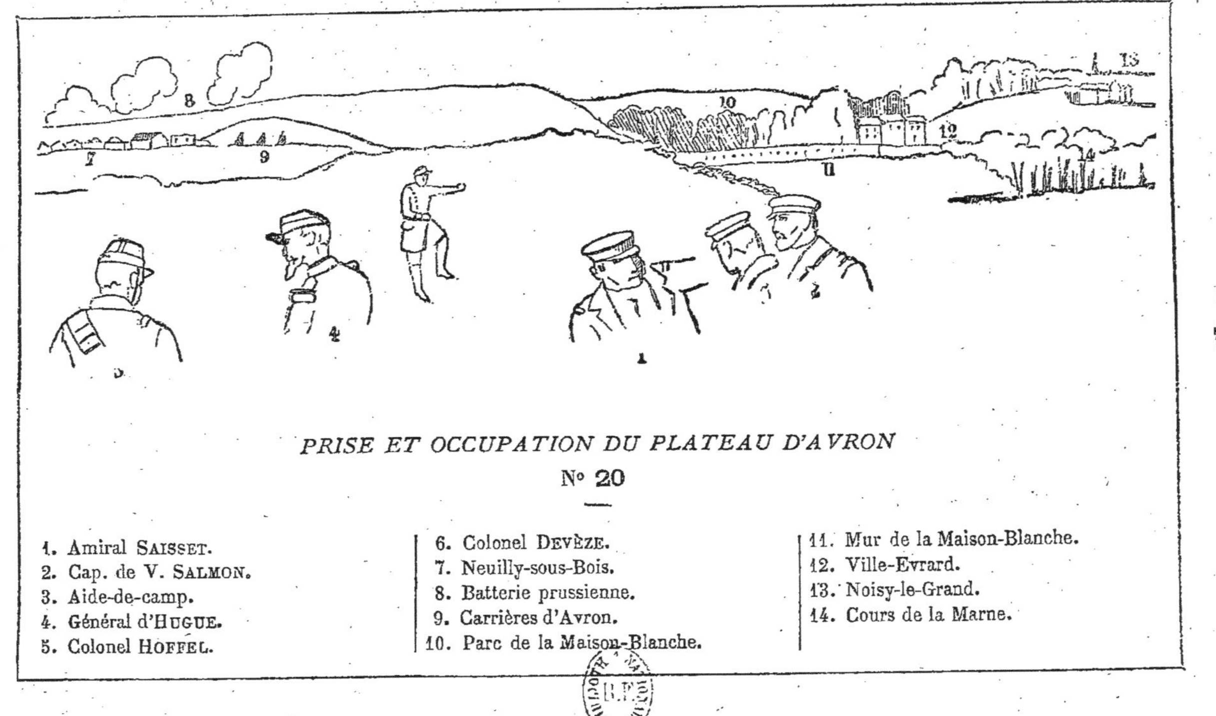

PRISE ET OCCUPATION DU PLATEAU D'AVRON

N° 20

1. Amiral SAISSET.
2. Cap. de V. SALMON.
3. Aide-de-camp.
4. Général d'HUGUE.
5. Colonel HOFFEL.
6. Colonel DEVÈZE.
7. Neuilly-sous-Bois.
8. Batterie prussienne.
9. Carrières d'Avron.
10. Parc de la Maison-Blanche.
11. Mur de la Maison-Blanche.
12. Ville-Evrard.
13. Noisy-le-Grand.
14. Cours de la Marne.

SIÉGE DE PARIS 1870-71

N° 21

LES AMBULANCES DE LA PRESSE

A JOINVILLE-LE-PONT

30 novembre

La convention internationale en faveur des blessés de guerre, signée à Genève, le 22 août 1864, par les délégués de toutes les puissances européennes, complétée en 1868 par l'adjonction d'articles qui en précisaient les stipulations, reçut sa grande consécration pendant la guerre et le siége de 1870. Le brassard blanc à croix rouge, reconnu par nos ennemis, permettaient à ceux qui le portaient de circuler sur le lieu même de l'action aussitôt que les combattants l'avaient evacué, et de relever, presque aussitôt que tombés, les blessés et les morts.

Grâce à des libéralités particulières, les ambulances de la Presse purent mettre en ligne un matériel admirablement outillé.

Le dévouement des personnes qui composaient ces ambulances eut particulièrement à s'exercer pendant les trois jours des combats de Champigny, Villiers, etc. Deux des ponts de bateaux jetés sur la Marne avaient été réservés à l'allée et venue du service des ambulances. Brancardiers, conducteurs de cacolets, chirurgiens, frères de la doctrine chrétienne y passaient pour aller panser sur place les blessés le plus en danger et transporter doucement les autres.

Frappé, devant Chennevières, d'un éclat d'obus à la cuisse, le général Renault fut rapporté un des premiers. Le surlendemain il subit, à l'hôpital de Lariboisière, l'amputation de la jambe, et n'y survécut point.

Le général Ladreit de la Charrière, le colonel Prévault, Franchetti, le hardi commandant des éclaireurs à cheval, le comte de Néverlée, le colonel de Grancey et bien d'autres encore périrent dans ces affaires sanglantes.

A gauche, les maisons du village de Joinville. Au second plan, le pont de pierre qui, à peu près réparé, était réservé au mouvement des troupes. Dans le fond, la redoute de la Faisanderie.

Sur la berge, le général Renault que l'on rapporte blessé. Près de lui, le Dr Demarquay, chirurgien en chef des ambulances volantes de la presse ; un groupe d'officiers et un frère de la doctrine chrétienne.

N° 22

DÉBARQUEMENT
DES BLESSÉS DE CHAMPIGNY
QUAI DE LA MÉGISSERIE

Soir du 2 décembre

Les pertes de l'ennemi dans ces trois jours de combat acharné furent évaluées à plus de 30,000 hommes. Les nôtres furent infiniment moindres; les rapports officiels n'accusèrent que 6,000 tués ou blessés. Nous avions constamment pris l'offensive, et notre artillerie, d'une portée supérieure, avait puissamment protégé nos mouvements de troupes.

Le service des ambulances reçut une grande aide des bateaux-mouches. Les blessés, aussitôt que relevés sur le champ de bataille, étaient apportés sur la berge de la Marne et embarqués côte à côte dans les entreponts. Les bateaux redescendaient au plus vite et déposaient soit au pont d'Austerlitz, soit au quai de la Mégisserie, les blessés désignés pour les ambulances de la Salpétrière ou celles de l'Hôtel-Dieu.

Ces funèbres allées et venues continuèrent jusqu'à la nuit tombée. La foule s'amassait sur le quai et se penchait sur le parapet, pleine de paroles de sympathie et d'encouragement. Elle s'ouvrait silencieusement et se découvrait sur le passage des brancards portés par les ambulanciers les frères de la doctrine chrétienne et les gardes nationaux.

La partie gauche est le quai de la Mégisserie. En face, à droite, les bâtiments du Palais-de-Justice.

SIÉGE DE PARIS 1870-71

N° 23

—

LES FUSILIERS MARINS

A L'ATTAQUE DU BOURGET

—

21 décembre

Au jour naissant, le 21 décembre, les forts de Romainville, de l'Est, de La Briche, de la Double-Couronne et d'Aubervilliers ouvrirent un feu terrible sur les positions occupées par les Prussiens, notamment sur le Bourget. Une heure après, le crépitement de la fusillade, que l'on suivait distinctement des terrasses de la butte Montmartre, indiquait que l'action se concentrait aux abords du village du Bourget.

Le corps des fusiliers-marins de l'amiral La Roncière Le Noury et le 134e de ligne avaient commencé l'attaque, soutenus par les mobiles de la Seine.

Les marins s'élancèrent la hache au poing, le fusil au dos. Les Bavarois les attendirent et ouvrirent le feu presque à bout portant, abrités derrière une barricade solide et dans des maisons crénelées. Rien n'arrêta l'élan furibond de nos marins. Ils pénétrèrent jusqu'au cœur du village, culbutant l'ennemi qui s'enfuit en désordre vers Dugny, mais malheureusement revint en force quelques instants après. Il fallut reculer sous la pluie d'obus et de mitraille dont il se faisait précéder, et c'est seulement alors, assure-t-on, que nos marins se servirent de leurs chassepots.

Le soir, 279 de ces hommes héroïques ne répondirent point à l'appel. Ils étaient partis 600 !...

L'endroit représenté est la Suiferie, poste avancé de troupes bavaroises en avant du village, sur la route de la Cour-Neuve.

N° 24

RÉUNION DE BATAILLONS DE MARCHE

SUR LA PLACE DU NOUVEL OPÉRA

Décembre

Dans les premiers jours de novembre, un décret du Gouvernement de la Défense mobilisa une partie de la garde nationale, « pour répondre au vœu unanimement exprimé par elle. »

Les quatre premières compagnies de chaque bataillon, dites *compagnies de guerre,* devaient avoir chacune un effectif de cent hommes, cadres compris. Elles étaient formées dans cet ordre : par les hommes valides volontaires de tout âge; les célibataires ou veufs sans enfants de 20 à 35 ans; puis ceux de 35 à 45 ans; enfin les pères de famille ou les hommes mariés de 20 à 35 et de 35 à 45 ans.

La réunion de ces compagnies formait des bataillons qui

avaient un état-major et un uniforme spéciaux, — uniforme bien varié, car les draps d'ordonnance étant épuisés, les tailleurs se rabattirent pour les capotes sur les draps vert laurier, noirs, marron, gris clair, etc.

Ce fut un moment solennel lorsque ces bataillons, élite de la jeunesse parisienne, traversèrent la ligne des boulevards pour aller camper aux avant-postes et aux tranchées. Bien des mains se tendaient vers les amis, graves et émus, bien des pleurs coulaient. Çà et là quelques citoyens en cheveux blancs, rajeunis par l'espoir qui réchauffait encore bien des cœurs, recevaient au passage des salves de bravos.

Les canons qui roulaient au milieu de quelques bataillons avaient été fondus à leurs frais, et leur étaient livrés, dans la cour du Conservatoire des Arts et Métiers, après les essais réglementaires.

La réunion de ces bataillons, accompagnés des voitures d'ambulance et des camions portant le gros bagage et les provisions, a lieu sur la place du nouvel Opéra.

N° 25

UNE GARDE AUX REMPARTS

Fin décembre

Pendant que l'armée, la mobile et les bataillons de marche supportaient aux avant-postes et aux tranchées les rigueurs d'un hiver exceptionnel, la garde sédentaire faisait aux remparts un service actif et rude. Plus d'un citoyen que son âge ou sa faiblesse physique exemptait du service persista jusqu'à la fluxion de poitrine et au rhumatisme.

Les pluies d'automne, la neige, les grandes gelées surprirent plusieurs secteurs avant que les baraquements en sapin et les casemates en terre eussent été achevés.

On couchait sous des tentes qui laissaient filtrer le brouillard. Les prises d'armes hachaient menu le sommeil.

Le matin, on se réveillait transi, et les heures de faction apportaient, malgré l'onglée, à ce repos malsain un véritable soulagement. Le jour montait : on essuyait les fusils mouillés par la rosée et l'on répondait à l'appel. La cantinière circulait dans les rangs le bidon plein d'eau-de-vie sur la hanche. La soupe au lard fumait sur les tables. Les journaux du matin arrivaient, donnant les nouvelles apportées par les pigeons et les proclamations du gouvernement. Les conversations s'animaient, et la journée s'écoulait, partagée entre les obligations du service, le jeu de cartes ou de bouchon et une inactivité énervante.

L'endroit choisi pour cadre aux épisodes pris sur le vif de cette *garde aux remparts* est le bastion 41, à la porte de Clichy.

N° 26

HABITANTS DE LA RIVE GAUCHE

FUYANT LE BOMBARDEMENT

7 janvier

Le bombardement prussien commença, au mépris de toutes les traditions militaires, sans avertissement officiel, sans les sommations d'usage.

Le 28 décembre au matin, l'ennemi démasqua ses batteries de gros calibre et ses fameux Krupp, et accabla d'une pluie incessante de projectiles le plateau d'Avron et les forts de l'Est. Bientôt vint le tour des forts du Sud; puis celui des communes suburbaines.

Enfin, le vendredi 6 janvier, les obus franchirent les remparts et tombèrent dans l'enceinte même de Paris.

Les premiers éclatèrent sur le Val-de-Grâce, — un

hôpital militaire où flottait le drapeau de la convention de Genève; — sur le Panthéon, — une église; — au pied du Luxembourg, — un palais historique et un musée! — Dans le parterre du Jardin des Plantes, dont les galeries d'histoire naturelles furent crevées et les serres inestimables mises en poussière, on ramassa des éclats de 22 centimètres de diamètre.

La première victime fut une enfant qui jouait sur la place de l'Observatoire.

Paris accueillit avec sérénité ce bombardement.

Les appartements de la rive droite réquisitionnés par les municipalités s'ouvrirent pour les bombardés, dont les maisons étaient criblées nuit et jour. Ce fut un déménagement hâtif et lamentable, qui se fit sous des flocons de neige. Les meubles étaient entassés sur des voitures à bras; les enfants s'accrochaient au jupon de la mère; les malades étaient évacués sur des civières. Et plus d'une fois l'obus, que précédait un sifflement plaintif, venait éclater sur la chaussée, sur le trottoir, sur la devanture de la boutique, au milieu même du triste groupe des fuyards.

La vue est prise sur la chaussée du Maine, traversée par le pont du chemin de fer de la ligne de Bretagne.

N° 27

FAMILLE RÉFUGIÉE DANS UNE CAVE

PENDANT LE BOMBARDEMENT

Janvier

Le bombardement de Paris fut annoncé par une parole froidement cruelle : « Le moment psychologique approche, » aurait dit M. de Bismarck. Mais la population, éprouvée déjà par tant de calamités et persuadée encore de sa délivrance soit par le suprême effort d'une sortie, soit par l'arrivée toujours promise des armées de province, supporta cette sauvage mesure de guerre tout autrement que n'y comptait l'Allemagne.

Bien des familles pauvres ne voulurent point quitter leurs maisons et se contentèrent de descendre dans les caves.

Malheureusement ces caves n'étaient pour la plupart ni saines ni très aérées. Le soupirail suffisait à peine pour renouveler l'air aspiré par toute une famille, alourdi par les émanations de la cuisine qui se faisait sur un poêle. L'humidité suintait sur les murailles. Les couvertures ne suffisaient point à protéger les enfants ou les malades contre le froid. Les matelas pourrissaient.

Dans les catacombes qui s'étendent sous la rue Mouffetard, il y eut jusqu'à dix ménages entassés côte à côte dans la même galerie...

La mortalité s'accrut dans une proportion effrayante. En temps normal elle ne dépasse guère 800 décès par semaine. Du 6 au 12 novembre, la petite vérole et la fièvre typhoïde aidant, elle atteignit 1885 décès. Puis vinrent les pneumonies et enfin tout ce que les privations et les anxiétés de toute espèce entraînent après elles.

Dans la dernière semaine du siége, du 28 janvier au 6 février, la mort frappa jusqu'à quatre mille six cent soixante et onze personnes !

Les quartiers de la barrière d'Italie, du Panthéon, des Invalides, de Vaugirard, de Grenelle, de Montrouge, furent particulièrement éprouvés.

N° 28

LE PENSIONNAT
DES
FRÈRES DE SAINT-NICOLAS
RUE DE VAUGIRARD

Nuit du 8 au 9 janvier

« Dans la nuit du 8 au 9 janvier, écrit un témoin du siége, vers une heure du matin, les détonations se multipliaient autour de l'établisssement des frères de Saint-Nicolas, situé rue de Vaugirard, et qui compte un millier d'élèves.

Inquiet du bruit, le frère supérieur fit lever les enfants pour les abriter dans les caves. Le défilé commençait. Encore deux minutes et tous étaient sauvés, lorsqu'on les fit rentrer pour s'envelopper dans leurs couvertures. A cet instant un obus effondre le toit, traverse le plancher du premier, éclate et envoie ses débris dans le premier dortoir...

Trois des élèves furent tués sur le coup : l'un avait le crâne fracassé, l'autre la moitié de la tête emportée ; le troisième n'avait plus de tête, mais seulement la moitié de la nuque. Le plafond et les murs furent criblés de débris sanglants. Un quatrième survécut deux ou trois minutes et un autre deux heures...

Les hôpitaux n'ayant pas plus été épargnés que les écoles, les musées, les églises, les monuments historiques, cette protestation fut rédigée et envoyée au camp prussien :

« Au nom de l'humanité, de la science, du droit des gens et de la convention internationale de Genève, méconnus par les armées allemandes, les médecins soussignés de l'Hôpital des Enfants malades protestent contre le bombardement dont cet hôpital, atteint par cinq obus, a été l'objet pendant la nuit dernière.

« Ils ne peuvent manifester assez hautement leur indignation contre cet attentat prémédité à la vie de six cents enfants que la maladie a rassemblés dans cet asile de la douleur... »

Des réclamations analogues partirent des hôpitaux de la Pitié et de Necker, et de l'Institut national des jeunes aveugles.

Enfin, le 13 janvier, une protestation collective des représentants du corps diplomatique présents à Paris fut adressée à M. de Bismarck, qui, le 17, répondait à M. Kern, ministre de la Confédération suisse à Paris, par une fin de non-recevoir.

N° 29

UNE CANTINE MUNICIPALE

Janvier

Les cantines municipales furent organisées par les municipalités pour subvenir aux pressants besoins des familles qui manquaient absolument d'ouvrage, et dont l'homme et les fils étaient aux remparts. L'élan de la charité privée fut admirable depuis l'origine et pendant toute la durée du siége. Les souscriptions, les dons en argent et en nature abondèrent. Grâce à ce puissant secours, on peut dire que la classe pauvre supporta relativement bien moins de privations que la classe moyenne.

Les bons se délivraient par les soins des mairies. Les nécessiteux recevaient aux cantines du bouillon, du vin, du pain, du riz, des légumes cuits, de la viande bouillie. Ces provisions étaient de qualité éprouvée.

Les vaches avaient été réquisitionnées. Le lait était distribué gratuitement sur le bon d'un médecin, aux nourrices, aux phthisiques, — ils étaient nombreux ! — aux convalescents sortant des ambulances.

Pour simplifier le service des vivres, on avait également chargé les cantines municipales de distribuer le pain et la viande aux militaires des postes voisins, sur présentations de bons visés par l'Intendance.

Cette cantine municipale était installée à la Villette (19e arrondissement). — La vue est prise de l'extrémité du canal Saint-Denis. A droite, passent des chevaux réquisitionnés et vérifiés par le comité sanitaire ; on les conduit à l'abattoir.

SIÉGE DE PARIS 1870-71

N° 30

UNE BOUCHERIE MUNICIPALE

Janvier

Dès que la viande eut été réquisitionnée, de graves embarras surgirent à propos du mode de distribution de la portion affectée à chaque assiégé.

On s'arrêta au système des cartes municipales.

Ces cartes portaient l'adresse de la boucherie où devait se présenter l'habitant, son nom, le nombre de rations auxquelles il avait droit pour lui et les siens. Au 18 octobre, elles donnaient droit à une ration de 100 grammes par jour et par personne.

La distribution des numéros d'ordre commençait vers sept heures du matin, sous la surveillance des gardes nationaux ou des gardes civiques. Mais c'est dès le milieu même de la nuit que se formait la file vraiment héroïque des femmes, des petites filles, des bonnes, sous la pluie battante, le froid âpre, la brise piquante. Dans le quartier des Gobelins, un obus éclate sur une place, le long d'une de ces files : il y

5

blesse trois personnes, sans cependant complétement disperser le groupe, déterminé à tout endurer plutôt que de perdre ses numéros d'ordre.

Malgré le soin que prenait la direction centrale des abattoirs de livrer aux boucheries municipales une quantité de viande correspondant au nombre des personnes inscrites dans une section, souvent la part était insuffisante et des centaines de porteurs de cartes étaient forcément renvoyés au lendemain.

La viande de cheval, qui succéda assez rapidement à celle des bœufs, décimés par le typhus, était taxée à 1 fr. 75 le kil. Celle des ânes et des mulets devint presque de suite une rareté très-recherchée par les gourmets. On mangea toutes les bêtes de la Société d'acclimatation, une grande partie de celles du Jardin des Plantes, entre autres les deux jeunes éléphants, *Castor et Pollux*. Le chien, le chien de Terre-Neuve surtout, parut dans les restaurants sous le nom d'agneau.

Quand fut signé l'armistice, il ne restait dans Paris que 33,000 chevaux, dont 22,000 seulement pouvaient être livrés à la consommation. La population civile, jointe à l'armée, en consommait 650 par jour, soit 25 à 30 grammes seulement par habitant. Le rationnement du pain fut abaissé à 300 grammes.

La boucherie représentée ici fait l'angle de la rue Tronchet et de la rue Neuve-des-Mathurins. Au fond, l'église de la Madeleine.

N° 31

UN CHANTIER DE BOIS A BRULER

Janvier

Tout s'unit pour accabler la population assiégée, pour entraver les opérations de la défense. Un froid des plus rares à Paris et qui fit descendre jusqu'à 15 degrés le thermomètre, sévit pendant des semaines entières, augmenté par une bise intolérable et un ciel ironiquement bleu et serein.

Le 25 décembre, le rapport du général chef d'état-major Schmitz contenait ces passages :

« Les troupes ont cruellement souffert pendant la dernière nuit : de nombreux cas de congélation se sont produits. Le travail des tranchées a dû être arrêté par suite de la dureté du sol, qui est gelé jusqu'à 50 centimètres de profondeur... Une partie des bataillons de la garde nationale employée au dehors rentre dans Paris. »

Dans la ville, plus de bois, plus de charbon. Un jour, dans les quartiers excentriques, la population se jeta sur les palissades en planches qui entouraient les terrains vagues et se les partagea.

L'administration décida alors que le bois serait réquisitionné comme presque toutes les autres denrées nécessaires à l'entretien de la vie, et fit faire des coupes le long des routes de la banlieue et des boulevards, dans les massifs du bois de Boulogne et du bois de Vincennes. Mais ce bois, coupé vert, ne brûlait guère, et les tisons qui noircissaient dans l'âtre ajoutaient une ironie aux tristesses de l'intérieur.

A partir de ce moment, chaque habitant n'eut plus droit qu'à 25 kilog. Les queues se formaient à la porte des chantiers comme à celle des boucheries, des boulangeries, des épiceries. Les voitures à bras manquant, la chétive provision était emportée sur des crochets, sur l'épaule, dans les bras, tirée avec des cordes, et les scieurs le débitaient en rondins, séance tenante, sur le trottoir.

Le chantier de bois représenté ici était situé sur le boulevard Montparnasse.

N° 32

PRISE

DE LA

REDOUTE DE MONTRETOUT

Janvier

L'affaire du 19 janvier fut l'acte suprême de la défense militaire de Paris.

La ligne d'opération s'étendait, de Garches à la Jonchère, sur tout le terrain compris entre les deux bras de la Seine. L'armée était partagée en trois colonnes principales, composées de troupes de ligne, de garde mobile et de garde nationale : celle de gauche, sous les ordres du général Vinoy, devait enlever la redoute de Montretout et en fut maîtresse dès onze heures du matin ; celle du centre, général de Bellemare, avait pour objectif la partie Est du plateau de la Bergerie, et dut, après s'être emparée de la Maison du curé, employer pour s'y maintenir une grande partie de la réserve ; celle de droite, général Ducrot, entrée en ligne avec un retard de deux heures, s'acharna sur le parc de Buzanval et les maisons crénelées qui le bordaient.

Le soir, cependant, ordre fut donné d'abandonner les positions conquises.

Les Prussiens reçurent là un choc aussi terrible qu'à Champigny. Leur émotion ne fut pas moindre : Versailles en sut quelque chose. Leurs pertes avaient été énormes. Les nôtres ne montaient qu'à 3,000 hommes tués ou blessés. Mais la mort du peintre Regnault, un des plus brillants représentants de l'école de Rome, donna aux pertes de la garde nationale — qui avait été réellement héroïque — un caractère de deuil international.

Le groupe d'état-major se présente dans cet ordre :

Le général Vinoy ;

Le lieutenant Castelnau ;

Le commandant de Sesmaisons, aide de camp du général Vinoy ;

M. Boitelle, engagé volontaire, porte-fanion du général Vinoy ;

Et le capitaine d'Armaillé.

Voici la topographie de l'action :

Tout à gauche, le village de Garches, simultanément au pouvoir des deux armées ; sur la hauteur, la Bergerie, occupée par les Prussiens ; à droite, la maison du Curé, et au-dessous la ligne des tirailleurs français ; le Parc de Buzanval, et tout à droite la ferme de la Fouilleuse.

On distingue au centre une sorte de pyramide ou de cône : c'est un *témoin*, en moellon, pièce justificative des terrassements nécessités par cette redoute.

PRISE DE LA REDOUTE DE MONTRETOUT

N° 32

1. Général VINOY.
2. Lieut. CASTELNAU, offic. d'ordonn.
3. DE SESMAISONS, aide de camp du gén[l].
4. Le jeune BOITELLE, porte-fanion.
5. Le capitaine d'ARMAILLÉ.
6. La Bergerie occupée par les Prussiens.
7. La maison du curé.
8. Ligne de tirailleurs français.
9. Village de Garches.
10. La ferme de Fouilleuse.
11. Parc de Buzanval.
12. Casemates.

Nº 33

LA MAIRIE DROUOT

LECTURE D'UNE DÉPÊCHE

19 janvier

La porte de la mairie Drouot fut, pendant le siége, un rendez-vous où l'on venait chercher et commenter les nouvelles.

Elles y arrivaient des ministères, de l'Hôtel-de-ville et de la préfecture de police, de l'état-major de la place. Dès qu'elles affectaient une forme tout à fait officielle, elles étaient transcrites et affichées sur un carton. La foule faisait queue pour les lire. De temps à autre, lorsqu'elles étaient importantes, quelque citoyen en faisait la lecture à haute voix, et les groupes qui obstruaient la chaussée se dispersaient pour un moment.

Dans la journée du 19 janvier, le soir et jusque bien avant dans la nuit, les nouvelles furent attendues et commentées avec une impatience plus fiévreuse que jamais. Les groupes animés et bruyants refluaient jusque sur le boulevard Montmartre et le boulevard des Italiens.

N° 34

—

DÉLIVRANCE

DES PRISONNIERS DE MAZAS

PAR LES ÉMEUTIERS

—

Nuit du 21 janvier

Les principaux acteurs ou promoteurs de l'envahissement de l'Hôtel-de-ville, au 31 octobre, furent décrétés d'accusation. Plusieurs d'entre eux, prévenus à temps, purent échapper aux mandats d'amener. Les autres, parmi lesquels était Gustave Flourens, furent arrêtés et internés préventivement à la prison Mazas.

Grande fut l'émotion de la population parisienne lorsque le *Journal officiel* fit savoir que, dans la nuit du 21 janvier, ces prisonniers avaient été délivrés par une troupe d'émeutiers.

Vers deux heures du matin, une poignée de gardes nationaux, appartenant aux bataillons de Belleville, se présentèrent brusquement à la porte de la prison, la forcèrent, et, rabattant la grille sur l'entrée même du poste, rendirent impossible de la part des gardes nationaux de service toute tentative de résistance.

Les cellules furent vite ouvertes. Un cheval attendait Flourens. Il sauta en selle et peu d'heures après il se portait, à la tête des bataillons qui lui étaient dévoués, sur la mairie du 20e arrondissement, dans le but d'y installer le quartier général de l'insurrection qu'il comptait faire éclater.

N° 35

ÉMEUTE DU 22 JANVIER

FUSILLADE PLACE DE L'HOTEL-DE-VILLE

22 janvier

Les derniers efforts de la défense, l'approche imminente de la reddition ne pouvaient avoir que de tristes échos au sein d'une population énervée par plus de cent vingt jours d'un siége sans précédents.

« Dans la matinée du 22, lisons-nous dans le *Journal officiel,* la place de l'Hôtel-de-Ville se garnissait de groupes nombreux et animés, sans qu'il y eût pourtant à prévoir aucune tentative de violence, lorsque 100 ou 150 gardes nationaux, appartenant pour la plupart au 101ᵉ bataillon de marche, débouchèrent sur la place de l'Hôtel-de-Ville...

« Tout à coup les gardes nationaux mirent le genou

en terre et firent feu sur trois ou quatre officiers de la garde mobile. Une centaine de coups sont tirés. La place se trouve instantanément vidée...

« La fusillade recommença. Elle partait des encoignures des rues qui font face à la place, des angles du quai et de la rue de Rivoli ; elle partait surtout des fenêtres de deux maisons voisines du bâtiment de l'Assistance publique. Elle était dirigée contre le premier étage de l'Hôtel-de-ville, dont tous les carreaux furent brisés, ainsi que plusieurs des statues d'échevins parisiens qui décorent la façade. »

On ramassa cinq morts et dix-huit blessés.

L'Hôtel-de-ville fut défendu par les mobiles bretons.

La vue de l'Hôtel-de-ville est prise de l'axe du pont qui conduit dans la Cité.

N° 36

BOMBARDEMENT

DU FORT DE LA BRICHE

26 janvier

Pendant les derniers jours, le bombardement redoubla d'intensité dans la ville aussi bien que sur les ouvrages militaires. Le fort d'Issy était presque complétement désemparé.

Le rapport du 26 janvier annonçait que « les défenses du nord, depuis le Drancy jusqu'au fort de La Briche, sont l'objet d'un bombardement très-actif. Les garnisons des forts du Nord se montrent, par leur dévouement et leur ardeur, à la hauteur de celles des forts du Sud, éprouvées, depuis longtemps déjà, par un feu des plus terribles. »

Les Prussiens envoyaient leurs obus sur ce fort des

hauteurs d'Orgemont et de la butte Pinson. Ils démasquèrent, à un certain moment, une batterie cachée derrière un rideau de peupliers, et ce fut une véritable pluie de fer et de feu. Nos tirailleurs perdirent beaucoup de monde en cherchant à démonter leurs artilleurs; ce qui fut obtenu après un tir des plus vifs.

La vue du fort de La Briche est prise de la ligne du chemin de fer du Nord. Au premier plan, une tranchée avancée partant du fort.

Paris. — Imprimerie PILLET aîné, rue des Grands-Augustins, 5.